Nuestro almuerzo de cosechas

La resta

Suzanne Barchers

Créditos

Dona Herweck Rice, *Gerente de redacción*; Lee Aucoin, *Directora creativa*; Don Tran, *Gerente de disenõ y producción*; Sara Johnson, *Editora superior*; Evelyn Garcia, *Editora asociada*; Neri Garcia, *Composición*; Stephanie Reid, *Investigadora de fotos*; Rachelle Cracchiolo, M.A.Ed., *Editora comercial*

Créditos de las imágenes

cover Elena Elisseeva/Stefano Tiraboschi/Shutterstock; p.1 Elena Elisseeva/Stefano Tiraboschi/Shutterstock; p.4 Ronnie Kaufman/Larry Hirshowitz/Getty Images, Shutterstock; p.5 DaveG/Shutterstock; p.6 (top) Kameel4u/Shutterstock, (middle) Gualberto Becerra/Shutterstock, (bottom) grublee/Shutterstock; p.8 Inc/Shutterstock; p.9 rtguest/Shutterstock; p.10 Jane Rix/Shutterstock; p.11 Tatiana Popova/Shutterstock; p.12 (top) Brian K./Shutterstock, (bottom) PeppPic/Shutterstock; p.14 Ariel Bravy/Shutterstock; p.15 Tatjana Strelkova/Shutterstock; p.16 (top) Big Pants Production/Shutterstock, (middle) Melinda Fawver/Shutterstock, (bottom) Stephen Mcsweeny/Shutterstock; p.17 Danny E. Hooks/Shutterstock; p.18 Mike Flippo/Shutterstock; p.19 Gordan Milic/Shutterstock; p.20 eye-for-photos/Shutterstock; p.21 Pixelman/BigStockPhoto; p.22 valarieann/iStockphoto; p.23 Alexandar Iotzov/Shutterstock; p.24 Tatjana Strelkova/Olaru Radian-Alexandru/Shutterstock; p.25 Denise Kappa/Shutterstock; p.26 ZeNeece/iStokphoto; p.27 V. J. Matthew/Shutterstock; p.28 itographer/iStockphoto/arenacreative/Shutterstock

---

Teacher Created Materials
5301 Oceanus Drive
Huntington Beach, CA 92649-1030
http://www.tcmpub.com

ISBN 978-1-4333-2740-7

Printed in China

Tabla de contenido

Organicemos el almuerzo

Los niños de la familia García adoran el otoño. En esa época, siempre visitan la casa de sus abuelos. Sus abuelos tienen una gran **huerta** de manzanas. Tanto los niños como los adultos ayudan a recoger manzanas.

Durante esos días, preparan muchas comidas con las manzanas. Terminan la visita con un almuerzo para celebrar la **cosecha**.

La familia García tiene 5 niños. Este año, cada uno de los niños podrá invitar a comer a un amigo. ¡Será un gran almuerzo!

Comienzan a organizar el almuerzo a principios de la semana. Quieren asegurarse de preparar suficiente comida para todos.

Exploremos las matemáticas

Observa la lista. Luego contesta las preguntas.

Lista de invitados al almuerzo de celebración de la cosecha

Adultos	Niños	Invitados de los niños
Abuela García	Hector	Adrian
Abuelo García	Diego	Lee
Abuela Kane	Eva	Amy
Señor García	Rosa	Tess
Señora García	Maria	Ana
Mamá de Lee		
Papá de Ana		

a. ¿Cuántos niños más que adultos hay en la lista de **invitados**?

b. La abuela García dijo que podían asistir 20 invitados al almuerzo. ¿A cuántas personas más podrían invitar?

El lunes hay mucho trabajo. Los niños recogen manzanas durante toda la mañana. Lo que más les gusta es subirse a las escaleras.

Exploremos las matemáticas

Lee los siguientes problemas. Usa la resta para resolverlos.

a. El manzano más alto de la huerta mide 28 pies. El más bajo mide 11 pies. ¿Cuántos pies más mide el manzano más alto?

b. La escalera más alta mide 18 pies. La más baja mide 10 pies. ¿Cuántos pies más mide la escalera más alta?

Durante su descanso, planifican el menú. Quieren asegurarse de tener suficiente comida para todos. También piensan en algunos juegos.

Tareas para el almuerzo de celebración de la cosecha

1. Invitar a nuestros amigos.
2. Revisar el huerto.
3. Decidir el menú.
4. Organizar los juegos.
5. Ir de compras.
6. Preparar la comida.

Los niños recorren el huerto para buscar vegetales maduros. Hacen una lista de sus favoritos.

Alimentos favoritos del huerto

- maíz
- zapallo
- calabaza
- tomates
- papas
- frijol de lima

Luego hojean libros de cocina para buscar ideas. Necesitan **recetas** rápidas y fáciles.

Los niños encuentran una buena receta con frijoles de lima y maíz. El señor García dice que él se encargará de hacer el fuego. Podrán asar maíz y salchichas.

Succotash

Para 6 personas

Ingredientes:

- 2 tazas de frijol de lima
- 4 tazas de maíz fresco cortado de la mazorca
- 3 cucharadas de mantequilla
- $\frac{1}{4}$ de taza de crema de leche
- $\frac{1}{2}$ cucharadita de sal
- $\frac{1}{8}$ de cucharadita de pimienta

Preparación:

1. Calentar una olla grande con agua hasta que hierva. Agregar una pizca de sal.
2. Colocar los frijoles de lima. Cocinar durante 15 minutos. Escurrir el agua.
3. Mezclar el resto de los ingredientes. Colocarlos en la olla junto con los frijoles.
4. Cocinar a fuego lento hasta que el maíz y los frijoles estén tiernos. Revolver con frecuencia.

Necesitarán comprar salchichas y panecillos para preparar perros calientes. La señora García preparará un budín y un postre con zapallo.

Menú

- salchichas y panecillos
- compota de manzana
- succotash
- tomates en rodajas
- mazorcas de maíz asadas
- papas asadas
- budín de zapallo
- pastel de manzana
- jugo de manzana

Exploremos las matemáticas

La receta a la izquierda es suficiente alimento para 6 personas. Necesitarán prepararla 3 veces para tener suficiente comida para todos. Así lograrán tener 18 porciones.

a. Habrá 17 personas en el almuerzo. Si cocinan para 18 personas, ¿cuántas porciones sobrarán?

b. Recogieron 39 mazorcas de maíz. Necesitan 18 mazorcas para la receta. ¿Cuántas les sobrarán para asar?

Después, los niños organizan los juegos. Tienen 50 manzanas para usar. Deciden que el primer juego será una pesca de manzanas con la boca. Separan 24 manzanas para este juego. Usan la **resta** para calcular que les sobran 26 manzanas para usar en otras actividades.

$$\begin{array}{r} 50 \text{ manzanas} \\ -\ 24 \text{ manzanas} \\ \hline 26 \text{ manzanas} \end{array}$$

Luego jugarán a arrojar manzanas. Verán quién puede atinarle a las cestas que ubicaron lejos para el juego.

¡Vamos a la tienda!

El jueves van a la tienda. Necesitan comprar alimentos frescos como crema y mantequilla. También deben comprar las salchichas y los panecillos.

Ellos piensan que cada niño puede comer 2 perros calientes. Es probable que los adultos coman 1 cada uno.

Exploremos las matemáticas

Invitados	Cantidad de perros calientes y pan	Cantidad total de perros calientes y pan
10 niños	2 cada uno	20
7 adultos	1 cada uno	7

a. Si 5 niños comen 1 perro caliente cada uno, ¿cuántos perros calientes sobrarán?

b. Si 2 adultos no comen perros calientes, ¿cuántos perros calientes sobrarán?

Compran todos los ingredientes para agregar a los perros calientes. Luego pagan la cuenta y regresan a casa.

Exploremos las matemáticas

Lee los siguientes problemas. Usa la resta para resolverlos.

a. El señor García entregó \$45 al cajero. El total de la cuenta fue de \$42. ¿Cuánto dinero le devolvieron?

b. El señor García llegó a la tienda con \$69. ¿Cuánto dinero le sobró después de gastar \$42?

¡Si había algo que no necesitaban comprar eran manzanas!

Para preparar los pasteles de manzana, pelan y cortan en pedazos **15 libras** de manzanas. Para hacer 5 pasteles, sólo necesitan 10 libras. Usan la resta para saber cuántas libras de manzana les sobran. Usarán esa cantidad para preparar un bocadillo.

	15 libras
–	10 libras
	5 libras

¡La abuela Kane le muestra a los niños cómo pelar una manzana sin que se corte la mondadura!

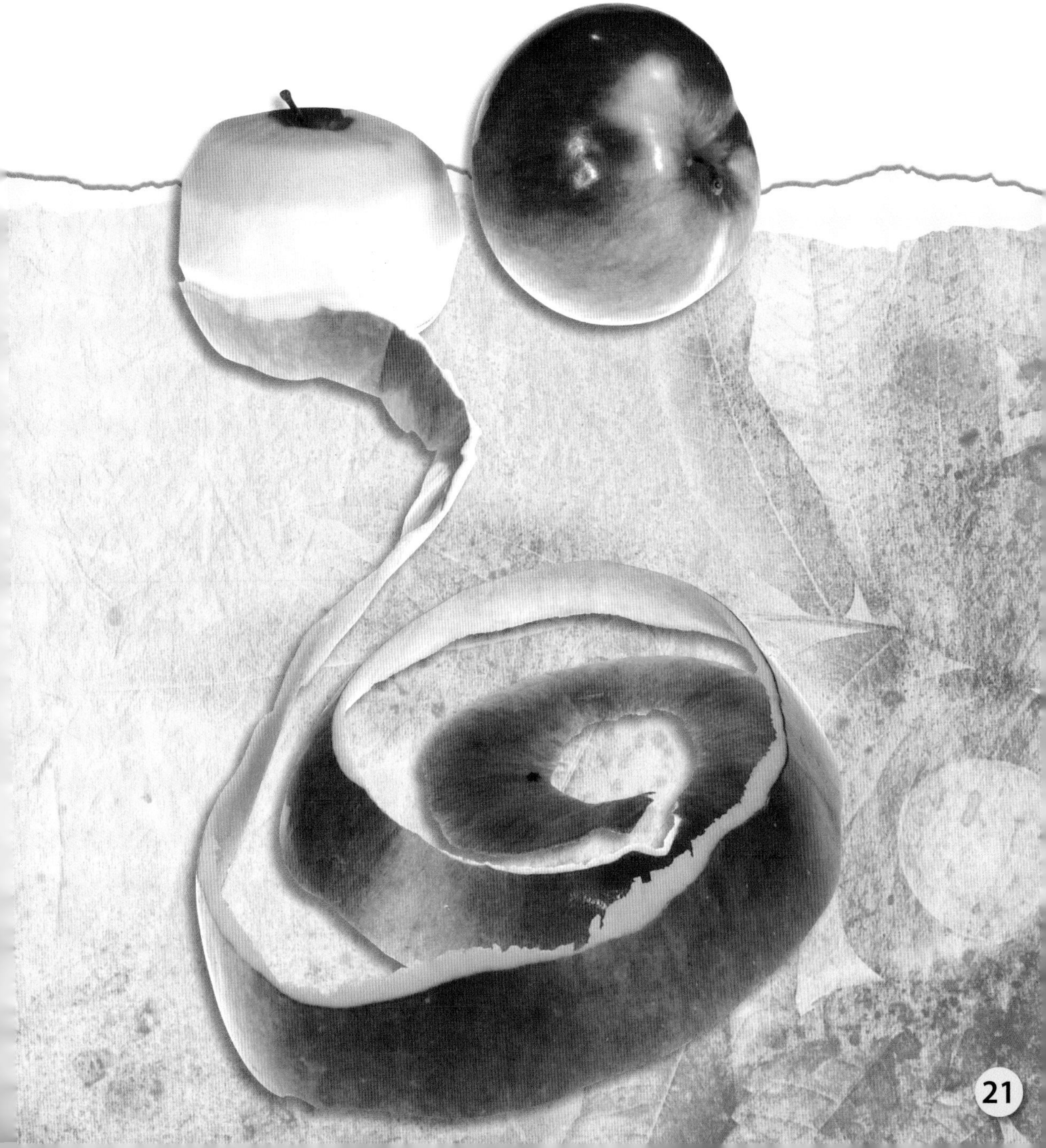

¡Llegó la hora de celebrar la cosecha!

Todos los invitados llegan a la hora indicada y ayudan a preparar la sidra de manzana. Se turnan para girar la manivela de la trituradora de manzanas.

Luego utilizan una **prensa** para extraer el jugo. Ya está listo para que se le agreguen las especias.

El juego más divertido será el de arrojar manzanas. Tienen preparadas 2 cestas. Una es para los niños. La otra es para los adultos. La cesta de los adultos está bastante más alejada que la de los niños. Los niños usan la resta y descubren que la cesta de los adultos está 6 pies más lejos que la de ellos.

$$\begin{array}{r} 18 \text{ pies} \\ -\ 12 \text{ pies} \\ \hline 6 \text{ pies} \end{array}$$

¡La señora García es la mejor en el juego! ¿Adivina cuál es su premio? ¡Un pastel de manzana!

Exploremos las matemáticas

Analiza la tabla. Luego contesta las preguntas.

a. Observa el juego 2. Alejaron la cesta de los niños. ¿Cuánto más lejos está la cesta de los adultos que la de los niños ahora?

b. Observa el juego 3. Alejaron la cesta de los adultos. ¿Cuánto más lejos está la cesta de los adultos que la de los niños ahora?

Cesta	Distancia (juego 1)	Distancia (juego 2)	Distancia (juego 3)
cesta para adultos	18 pies	18 pies	20 pies
cesta para niños	12 pies	15 pies	15 pies

Para el almuerzo asan salchichas en palillos. El señor García saca el maíz del fuego. ¡El almuerzo está delicioso!

En seguida llega la hora de partir. Pero el abuelo García tiene una sorpresa para los invitados. ¡Cada uno se lleva su propio manzano!

Resuelve el problema

Coleccionemos tarjetas con amigos

Don, Taye y Stefan son amigos. A los tres les gusta coleccionar tarjetas. Leen el reverso de las tarjetas y observan juntos las fotografías. En total tienen 78 tarjetas de colección. Don tiene 32 tarjetas. Taye tiene 20. ¿Cuántas tarjetas tiene Stefan?

¡Resuélvelo!

Sigue estos pasos para resolver el problema.

Paso 1: Resta la cantidad de tarjetas que tiene Don del total de tarjetas.

Paso 2: Resta la cantidad de tarjetas que tiene Taye de la cantidad hallada en el paso 1. Ésta es la cantidad de tarjetas que tiene Stefan.

Paso 3: Suma la cantidad de tarjetas que tienen Don, Taye y Stefan para comprobar que hayas hecho bien tu trabajo. Deben sumar 78.

Glosario

cosecha—momento en el que se recogen los cultivos

huerta—lugar donde se cultivan árboles frutales

invitado—persona que se invita a una casa o fiesta

libra—unidad para medir el peso

porción—cantidad de comida para una persona

prensa—máquina utilizada para exprimir el jugo de las frutas

receta—instrucciones para preparar una comida

resta—proceso para hallar la diferencia entre 2 números

Índice

Respuestas

Exploremos las matemáticas

Página 7:
a. 3 niños más
b. 3 personas más

Página 8:
a. 17 pies más
b. 8 pies más

Página 13:
a. 1 porción
b. 21 mazorcas

Página 17:
a. 5 perros calientes
b. 2 perros calientes

Página 18:
a. $3.00
b. $27.00

Página 25:
a. 3 pies más lejos
b. 5 pies más lejos

Resuelve el problema

Stefan tiene 26 tarjetas de colección.